L'EGLISE

De la Primitive à la "Finitive"

Augustin BAKI

Mis en page, Imprimé et Distribué internationalement par les services de

KINGDOM EDITIONS ™

E-mail: **contact.kingdomdna@gmail.com**

Téléphone: **+243810070700**

DEDICACE

Je dédie ce livre:

A tous les amoureux (églises, hommes et femmes) de l'évangile social, ceux qui annoncent le Christ crucifié non seulement en parole mais aussi et surtout par des actes démontrant l'amour qu'est Jésus;

A mon épouse Wivine BAKI et mes enfants Fortrust BAKI et Forall BAKI.

Augustin BAKI

SOMMAIRE

REMERCIEMENTS

Il m'est difficile d'écrire cette page de mon livre car cette œuvre est le produit de ce que je suis, et ce que je suis est la combinaison des efforts et du travail de plusieurs personnes partant de ma naissance à ce jour en passant par mon premier jour à l'église, mon baptême, ma première invitation à prêcher dans une église, dans un marché, dans un hôpital, dans une salle de classe ou un auditoire d'université où des milliers de personnes ont été touchées.

Toutefois, mes remerciements s'adressent aux personnes suivantes, chacun selon son apport dans ma vie en général et dans ce livre en particulier :

- Mes parents Baudouin et Astrid KITUMBA qui m'ont initié au chemin de l'église;
- Mon père spirituel, le Pasteur Cobin TSHIBANDA WA TSHIBANDA, et maman Mamie TSHIBANDA;
- Couple pastoral Michel et Martine MPIANA;
- Mes parrains Richard et Prudence KATALAYI;
- Pasteur Ngali MULEDI;

- Maître Pagnol MBOMBO BAKENDA;

- Mon fils Philippes ILUNGA;

- Prophète Daniel LUALABA;

- La maison d'édition KINGDOM EDITIONS;

- Tous ceux qui ne sont pas mentionnés ici mais qui, d'une manière ou d'une autre, ont contribué à l'élaboration de cet ouvrage.

Recevez l'expression de ma reconnaissance.

INTRODUCTION

S'il est un sujet qui ne pourra être épuisé jusqu'au retour du Christ, c'est bien le sujet de l'église, d'autant plus que l'image et la connaissance que nous avons de l'église s'enrichissent au fur et à mesure et cela jusqu'à ce que le Seigneur vienne récupérer son épouse. L'église est de nature mystérieuse, dans son essence, mais dans sa dimension sociale, elle peut être observée dans sa marche depuis sa naissance à Jérusalem jusqu'à son expansion universelle. Et il va sans dire que l'on ne peut parler de l'église sans pouvoir la définir au préalable.

C'est ainsi que dans ce livre, nous définirons ce qu'est l'église, et nous évoquerons sa constitution. Cela fera l'objet du premier chapitre.

Au chapitre 2, nous nous appesantirons sur son fonctionnement.

Au chapitre 3, nous relèverons les finalités de l'église.

Au chapitre 4, nous chercherons à savoir où va l'église avec ce virage matérialiste inquiétant dans le chef des pasteurs et les pratiques qui font couler d'encre et de salive dans l'église et dans la société au sujet de ce qui se fait à l'église, mais qui laisse à désirer ou reste suspect, loin de la ligne directionnelle de la Bible.

Cette petite étude est un aperçu comparatif entre l'église primitive et l'église actuelle. Nous partirons de l'histoire, selon ce que nous présente le Nouveau Testament pour aboutir à la configuration actuelle de l'église.

Elle débutera par une introduction et sera clôturée par une conclusion.

CHAPITRE 1

Constitution de l'église

On ne peut parler de la constitution de l'église, encore moins de son évolution, sans pouvoir la définir. Il est important de définir de prime abord de quoi nous allons parler, c'est-à-dire de l'église.

1. Qu'est-ce qu'est l'église ?

Selon le dictionnaire Hachette : l'église est une « communion de personnes unies par une même foi chrétienne… Un groupe dont les membres défendent la même doctrine. » [1]

S'il faut relever quelques éléments de base qui déterminent l'existence de l'église, selon la définition du dictionnaire français :

- Il y a la présence de plusieurs personnes. Il n'y a pas d'église lorsqu'il n'y a pas de gens formant un groupe. Et l'on sait que «plusieurs» commence par deux. La présence des personnes mises ensemble conditionne l'existence d'une église. Mais les hommes mis ensemble ne forment pas l'église, sinon les stades remplis de monde lors des matchs de foot, des combats de catch seraient de grandes églises.

- Les personnes unies doivent partager la même foi, la même doctrine. Ce qui unit les gens à l'église, c'est la foi et la foi chrétienne.

Selon le dictionnaire biblique : « Dans le Nouveau Testament, le mot « *Église* » traduit le mot grec *Ekklèsia*, qui désigne souvent une communauté locale de chrétiens (mais jamais un bâtiment)…Une ekklèsia était un rassemblement ou une assemblée. L'église, c'est-à-dire

---

[1] HACHETTE, *Dictionnaire Hachette*, Editions 2004. Paris, Hachette 2003, p.517

les personnes rassemblées, au milieu desquelles se tient le Christ. »[2]

L'église est donc avant tout une assemblée de personnes qui sont réunies pour un but, qui est Christ.

Que ce soit la définition du dictionnaire Hachette ou la définition du Grand dictionnaire Biblique, nous pouvons constater que l'église est une assemblée ou une communauté de gens, non pas une superposition, non pas une foule anonyme réunie par hasard, mais un groupe de personnes qui sont en communion, qui s'assemblent à cause de leur foi en Christ. C'est Christ le dénominateur commun de l'église. Il se tient au milieu de tous ceux qui s'assemblent en son nom. Il est leur guide, la tête, le maître…

Tant que Christ n'est pas le centre d'une communauté de personnes unies, elle n'est pas une église.

2. Naissance de l'église

[2] Le GRAND DICTIONNAIRE de la BIBLE, *L'église*. Editions Excelsis,Charols-France, 2010. P.475

Nous voulons faire une mise au point en disant que le mot *ekklèsia*, « était aussi couramment utilisé par les Juifs pour désigner la communauté d'Israël, constituée au Sinaï… »[3] Ce qui pousse certains spécialistes à considérer l'église comme l'ensemble de tout le peuple de Dieu depuis Abraham jusqu'aujourd'hui, ce qui provoque des débats car la foi en Dieu ne date pas du Sinaï, ou d'Abraham, mais remonte au-delà de Noé, voir plus loin avec des hommes comme Hénoch qui fut enlevé par Dieu. Ainsi, si nous nous basons sur le critère de foi en Dieu sans nous situer clairement par rapport à Christ, nous risquerons de nous perdre.

La première personne à utiliser explicitement le mot *ekklèsia* dans le sens strict de l'église, c'est bel et bien Christ. Et Il l'appelle « mon Église » :

« *Et moi, je te dis que tu es Pierre, et que sur cette* pierre *je bâtirai mon Église, et que les portes du séjour des morts ne prévaudront point contre elle.* » (Matthieu 16,18)

---

[3] Le GRAND DICTIONNAIRE de la BIBLE, *Idem*

L'église a sa source, son origine en Christ qui est Son véritable fondateur et bâtisseur. C'est Lui qui en est le véritable architecte, ayant conçu le plan. Il avait déjà en tête toute sa structure, sa naissance, sa croissance. L'église est Son œuvre. C'est Lui qui a annoncé sa venue.

Si nous disons que Jésus est l'architecte, et qu'Il avait un plan, c'est parce que lui-même a donc montré qu'on ne peut pas bâtir une tour sans s'asseoir pour réfléchir :

« *Car, lequel de vous, s'il veut bâtir une tour, ne s'assied d'abord pour calculer la dépense et voir s'il a de quoi la terminer* » (Luc 14,28)

L'église est la tour de Jésus-Christ qu'Il s'est bâti après s'être assis et avoir calculé le prix que cela allait lui coûter : sa mort à la croix. Et Il a su qu'Il avait de quoi la terminer : son sang, sa parole et le Saint-Esprit.

L'église est née le jour de la pentecôte, car c'est le jour où une multitude de personnes a vu naître sa foi en Christ par la puissance du Saint-Esprit :

« Le jour de la pentecôte, ils étaient tous ensemble dans le même lieu. Tout à coup il vint du ciel un bruit comme celui d'un vent impétueux, et il remplit toute la maison où ils étaient assis. De langues de feu, leur apparurent, séparées les unes des autres, et se posèrent sur chacun d'eux. Et ils furent tous remplis du Saint-Esprit, et se mirent à parler en d'autres langues, selon que l'Esprit leur donnait de s'exprimer. Or, il y avait en séjour à Jérusalem des Juifs, hommes pieux, de toutes les nations qui sont sous le ciel....

Alors Pierre, se présentant avec les onze, éleva la voix, et leur parla en ces termes : Hommes Juifs, et vous tous qui séjournez à Jérusalem, sachez ceci, et prêtez l'oreille à mes paroles !...

Après avoir entendu ce discours, ils eurent le cœur vivement touché, et ils dirent à Pierre et aux autres apôtres : Hommes frères, que ferons-nous ?

Pierre leur dit : Repentez-vous, et que chacun de vous soit baptisé au nom de Jésus-Christ, pour le pardon de vos péchés ; et vous recevrez le don du Saint-Esprit. Car la promesse est pour vous, pour vos enfants, et pour tous ceux qui sont au loin, en aussi grand nombre que le Seigneur notre Dieu les appellera...

Ceux qui acceptèrent sa parole furent baptisés, et, en ce jour-là, le nombre des disciples s'augmenta d'environ trois mille âmes. » (Actes 2,1-5, 14,37-39,41)

Les disciples étaient réunis et attendaient la venue du Saint-Esprit comme le Seigneur leur avait promis :

« *Mais vous recevrez une puissance, le Saint-Esprit survenant sur vous, et vous serez mes témoins à Jérusalem, dans toute la Judée, dans la Samarie, et jusqu'aux extrémités de la terre.* » (Actes 1,8)

Le Saint-Esprit devait les qualifier, les rendre capables à porter l'Evangile dans le monde. Et voici que le jour de la pentecôte, la promesse est concrétisée. Ils reçoivent le Saint-Esprit et deviennent des témoins, certifiés par le discours de Pierre devant la foule réunie. Bien plus, en ce jour, Christ fait encore mieux : il pose la fondation de l'église et la fait sortir du plan pour la matérialiser.

Le même jour, 3000 personnes donnent leurs vies à Christ, c'est-à-dire deviennent chrétiens. Ils se font baptiser.

A partir de ce jour, ils vont devenir véritablement une communauté de croyants, se réunissant pour prier, écouter la parole :

« Ils persévéraient dans l'enseignement des apôtres, dans la fraction du pain, et dans les prières. La crainte s'emparait de chacun, et il se faisait beaucoup de prodiges et de miracles par les apôtres. Tous ceux qui croyaient étaient dans le même lieu, et ils avaient tout en commun. » (Actes 2,42-44).

Et c'est la première fois que le livre des Actes des Apôtres parle de l'église :

« Ils étaient chaque jour tous ensemble, ils rompaient le pain dans les maisons, et prenaient leur nourriture avec joie et simplicité de cœur, louant Dieu, et trouvant grâce auprès de tout le peuple. Et le Seigneur ajoutait chaque jour à l'église ceux étaient sauvés. »

Nulle part, au premier chapitre des Actes, on parle de l'église, alors que les disciples se réunissaient déjà après l'enlèvement du Seigneur :

« Tous d'un commun accord persévéraient dans la prière, avec les femmes, et Marie, mère de Jésus, et avec les frères de Jésus. En ces jours-là, Pierre se leva au milieu des frères, le nombre des personnes réunies étant d'environ cent vingt. » (Actes 1,14-15)

Il y avait même plus de 120 personnes qui s'assemblaient, mais elles ne formaient pas encore l'église, parce que, justement, l'église devait naître le jour de la pentecôte.

3. Evolution de l'église dans l'histoire

L'église est née à la pentecôte, et bien vite s'est agrandie, sous l'impulsion du Saint-Esprit. Le jour de la pentecôte, 3000 personnes se sont converties, comme nous l'avons vu ci-dessus. Elle grandit d'abord à Jérusalem. Le Seigneur se manifeste en accomplissant des miracles par les apôtres, ce qui fait remuer la ville. Les gens accourent, comme lorsque le boiteux de naissance qui se tenait à la porte du temple pour mendier est miraculeusement guéri (Actes 3) et mieux, a entraîné de nouvelles conversions:

« Cependant, beaucoup de ceux qui avaient entendu la parole crurent, et le nombre des hommes s'éleva à environ Cinq mille.» (Actes 4,4).

En si peu de temps l'église passe de 3000 membres à environ 5000 à Jérusalem.

Il n'y avait pas que les ressortissants de Jérusalem, mais aussi d'autres villes, même des étrangers convertis qui vont assumer certaines responsabilités, comme des diacres :

« Cette proposition plut à toute l'assemblée. Ils élurent Etienne, homme plein de foi et d'Esprit Saint, Philippe, Prochore, Nicanor, Timon, Parménas, et Nicolas, prosélyte d'Antioche. » (Actes 6,5).

L'église continue à croitre :

« La parole de Dieu se répandait de plus en plus, le nombre des disciples augmentait beaucoup à Jérusalem,

et une grande foule de sacrificateurs obéissaient à la foi.» (Actes 6,7).

Ce qui provoque la colère, la jalousie et l'opposition des ennemis de Christ qui vont emprisonner les apôtres, les fouetter, pire organiser une grande persécution qui va disperser l'église :

« Saul avait approuvé le meurtre d'Etienne. Il y eut, ce jour-là, une grande persécution contre l'église de Jérusalem ; et tous, excepté les apôtres, se dispersèrent dans les contrées de la Judée et de la Samarie. » (Actes 8,1).

Plutôt que de la desservir, la persécution va servir l'église et jouer en sa faveur, car elle va permettre aux croyants dispersés d'aller de lieux en lieux annoncer l'Evangile et au Saint-Esprit de susciter de nouveaux convertis et former de nouvelles églises.

Toute la Judée va recevoir la Bonne Nouvelle. Samarie recevra l'Evangile avec la démonstration de la puissance de Dieu manifestée par des miracles. Et les apôtres Pierre et Jean iront pour y asseoir l'église. Et d'autres contrées étrangères vont passer sous la coupe de l'Evangile si bien que l'église qui naîtra à Antioche va constituer un centre missionnaire, une base arrière pour aller à la conquête du monde païen des environs.

La conversion de Saul de Tarse, l'apôtre Paul, fera un grand bien pour l'implantation de nombreuses églises à travers l'Asie, voir même l'Europe.

4. Présentation de l'église dans sa constitution actuelle

Peu à peu l'Evangile se répand. Le résultat est époustouflant. L'Afrique est évangélisée. On sait que l'Eunuque l'Ethiopien a apporté l'Evangile en Ethiopie, dans la cour de la reine Candace dont il est le serviteur, sans doute dans son entourage. Les Juifs venus à la pentecôte, les disciples à la suite de la dispersion, L'Europe aussi! La croissance du nombre des disciples, déjà à Jérusalem, posait problème, comme nous le montre (Actes 6,1-5). L'expansion de l'Evangile avec comme conséquence la multiplication des églises dans le monde non juif pose encore des problèmes (Actes 10). Une organisation s'impose. Une hiérarchie s'établit. Voici l'église dans son ensemble, dans son universalisation qui devient l'église catholique. Et des siècles plus tard, un moine catholique allemand, du nom de Martin Luther se lève pour souligner des écarts observés par rapport à la Parole de Dieu au sein de l'église. Cela conduira à la réforme protestante. Puis viendra de nouvelles protestations et la naissance des églises pentecôtistes, indépendantes.

En s'éloignant de Jérusalem, le foyer d'où est parti l'Evangile, le berceau de l'église, et en s'éloignant dans le temps, des pratiques, des habitudes, des coutumes, des doctrines s'installent dans les églises-assemblées qui ne sont pas toujours conformes à la Parole de Dieu.

Mais l'église, dans son ensemble grandit et s'étend dans tous les continents. Elle finit par subir des influences extérieures. Certaines pratiques de l'église primitive sont abandonnées. De nouvelles pratiques naissent. Et cela crée par moment des confusions certaines, des inquiétudes. Cela a poussé un musicien chrétien à chanter une chanson intitulée Confusion, dont une strophe dit ceci : « J'ai cherché l'église, je l'ai trouvée dans le monde. J'ai cherché le monde, je l'ai trouvé dans l'église. Confusion ! »

Nous essayons dans ce livre de mener une petite étude comparative entre l'église primitive et l'église actuelle en relevant quelques divergences. Cela fera l'objet des prochains chapitres.

CHAPITRE 2

Fonctionnement de l'église

Notre étude aura comme texte de base : Actes 2, 42-47

«Ils persévéraient dans l'enseignement des apôtres, dans la communion fraternelle, dans la fraction du pain, et dans les prières. La crainte s'emparait de chacun, et il se faisait beaucoup de miracles par les apôtres. Tous ceux qui croyaient étaient dans le même lieu, et ils vendaient leurs propriétés et leurs biens, et ils en partageaient le produit entre tous, selon les besoins de chacun. Ils étaient chaque jour tous ensemble assidus au temple, ils rompaient le pain dans les maisons, et prenaient leur

nourriture avec joie et simplicité de cœur, louant Dieu, et trouvant grâce auprès de tout le peuple. Et le Seigneur ajoutait chaque jour à l'église ceux qui étaient sauvés. »

1. LES HABITUDES DE L'EGLISE PRIMITIVE

Christ est mort dans les années 33 et l'église a commencé à se stabiliser vers les années 70. Elle a évolué à pas de géant. Mais il existe des habitudes qui définissaient l'identité de l'église primitive.

La Bible dit que l'église primitive était composée des croyants. Au début, n'en faisait partie que celle ou celui qui avait foi en Christ. Son identité était clairement établie ou connue.

C'était une église des convertis. Il y avait l'unité, les gens étaient ensemble.

Parmi les habitudes des chrétiens dans l'église primitive, nous pouvons citer celles qui suivent.

1.1. Ecouter les enseignements

La Bible dit qu'ils persévéraient dans l'enseignement des

apôtres. Les chrétiens avaient donc l'habitude d'écouter régulièrement la Parole de Dieu. Ils se laissaient enseigner. Que ce soit au temple ou dans les maisons, les chrétiens accordaient une place primordiale à l'enseignement.

1.2. Communier entre frères et sœurs

Les gens se regroupaient et demeuraient ensemble, dans une véritable communion. Lorsqu'on parle de communion, on voit un accord d'idées, de sentiments. On peut également voir une certaine capacité de regarder dans la même direction. Ensemble, ils travaillaient pour la propagation de la Bonne Nouvelle. Une seule préoccupation les motivait pour évoluer : Christ. Les gens n'étaient pas seulement assis côte à côte, mais ils étaient réellement ensemble. Ils se souciaient les uns des autres. Et cette communion conduisait au partage.

1.3. Partager les biens

Ils avaient tout en commun. Avoir tout en commun voudrait montrer qu'il n'y avait pas d'égoïsme, de cupidité. Ce qui appartenait à l'un pouvait servir aux autres. Par exemple, ma voiture, bien que mienne est un bien qui est au service de la communauté, en cas de besoin.

Les chrétiens partageaient les biens. La générosité, la charité, n'étaient pas de vains mots, mais avaient un véritable contenu.

Ceux qui en avaient assez apportaient pour ceux qui en manquaient. Ils ouvraient leurs maisons pour accueillir les frères et les sœurs, dans une véritable fraternité. Les plus riches vendaient leurs propriétés et apportaient l'argent à l'église. Les dirigeants recensaient les besoins de tout un chacun et voyaient comment y répondre en affectant de l'argent selon les priorités. De cette façon la pauvreté était combattue, la dignité sauvegardée. Il n'y avait pas une église des pauvres et une église des riches ou dans l'église, un camp des pauvres et un camp des riches.

Les richesses étaient mises ensemble, partagées selon les besoins. Ce n'était pas que les dirigeants qui se nourrissaient, s'habillaient; ils ne cherchaient pas à s'accaparer, chacun pour soi, les richesses apportées à l'église, mais tout le monde en bénéficiait. L'église devrait être un modèle pour l'Etat dans la redistribution des richesses. Du moins, l'église primitive l'a été.

1.4. Rompre le pain et partager avec joie et simplicité de cœur

Les frères et sœurs se retrouvaient pour manger ensemble. Et la Bible dit qu'il est doux et agréable pour des frères de demeurer ensemble, car c'est là que l'Eternel répand ses bénédictions. (Psaume 133).

Dans l'église primitive, on mangeait dans la même assiette, en toute liberté, ensemble avec amour. Chacun apportait ce qu'il avait et le mettait à la disposition des autres avec joie.

1.5. Recevoir la faveur de tous les peuples

Ils **louaient** Dieu et avaient la faveur de tout le peuple. Leur manière de vivre épatait le peuple, leur attirait une certaine respectabilité. Leur comportement ne laissait pas à désirer. Et rarement on trouvait des chrétiens ayant une double vie.

2. LES REALITES DE L'EGLISE ACTUELLE

2.1. Ecouter les enseignements

Certes, les membres des églises écoutent les prédications, car à chaque culte, il y a généralement une prédication. Mais, l'on ne pourra pas dire que les gens vont à l'église en premier lieu pour la Parole de Dieu, beaucoup plus pour les miracles. L'enseignement ne semble pas attirer les gens. C'est la démonstration de la puissance qui compte plus que tout, du moins pour une grande majorité de ceux qui viennent aujourd'hui à l'église. C'est pourquoi les miracles « fabriqués » ont la côte. Or, selon la Bible, même les partisans du diable sont à même d'opérer les miracles. Ce ne sont pas les miracles qui affranchissent, mais plutôt la connaissance de la vérité.

Les enseignements qui ont du succès aujourd'hui, sont ceux qui tournent autour du succès, de la réussite, si bien qu'il s'est développé un certain « évangile de prospérité » qui met l'homme au centre plutôt que Dieu et qui passe en seconde position le salut de l'homme pour lequel Christ est mort à la croix.

2.2. L'individualisme à outrance

Dans l'église primitive, les croyants étaient ensemble. Ils étaient unis. Aujourd'hui, il est difficile de dire que les chrétiens sont ensemble. On trouve des gens capables d'entrer dans une «bonne» église, la déboulonner pour en emporter les membres afin de gonfler leurs églises.

Les gens s'asseyent les uns à côté des autres sans se connaître, sans se côtoyer. L'unique moyen pour se saluer ou faire connaissance, c'est lorsqu'ils se tendent la main à la demande du pasteur ou de l'officiant du jour, au début du culte ou de la prédication. Certains s'exécutent à contrecœur, d'autres trouvent des stratégies pour ne pas le faire, en se penchant sur la Bible, en fouillant le sac. Et lorsqu'on dit « Amen », le nom demandé du frère et de la sœur est vite oublié. Si le pasteur ne le demande pas, on peut trouver des membres d'une église s'asseyant côte à côte depuis des mois, voire des années sans faire connaissance.

Dans l'église primitive, ils avaient tout en commun. Si un frère avait un véhicule, par exemple, il le mettait à la disposition des autres. Aujourd'hui, on trouve des frères roulant carrosse, se dirigeant vers la même destination qu'un autre frère piéton, qui passent leur route, indifférent, craignant qu'en transportant l'autre, cela devienne «une habitude». La réalité, c'est qu'on ne veut plus partager. L'égoïsme bat son plein à l'église.

Cela peut scandaliser certains lecteurs, mais ce n'est qu'un constat : on trouve beaucoup plus de mendiants et de démunis devant les mosquées que les églises. Et cela, parce que les nécessiteux sont sûrs qu'au sortir de la prière à la mosquée, ils trouveront des personnes qui leur remettront quelque chose. Peu de nécessiteux ne se pointent devant les portes des églises le dimanche. Or, la Bible nous montre qu'à l'époque de l'église primitive, les nécessiteux se tenaient à la porte du temple :

« *Il y avait un homme boiteux de naissance, qu'on portait et qu'on plaçait tous les jours à la porte du temple appelée la Belle, pour qu'il demandât l'aumône à ceux qui entraient dans le temple. Cet homme, voyant Pierre et Jean qui allaient y entrer, leur demanda l'aumône.* » (Actes 3,2-3).

Aujourd'hui, on évite de donner une aumône à des frères démunis, parce que l'on craint d'être ensorcelé. En effet, il y a des enseignements qui se donnent, selon lesquels, les agents du diable infiltrés partout viennent à l'église demander de l'argent et lorsque vous leur en donnez, ils «sèchent vos finances». Ces enseignements préconisent qu'il faudrait connaître les états d'âme des personnes avant de leur donner quoi que ce soit.

Pourtant, Pierre et Jean n'ont pas cherché à connaître l'état d'âme du mendiant, ils lui ont juste donné quelque chose de plus précieux : la guérison au nom de Jésus.

Dans l'église primitive, ceux qui avaient des propriétés, les vendaient et amenaient l'argent pour partager avec les plus démunis. Aujourd'hui, en réalité, les riches veulent devenir plus riches. Ils ne sont pas disposés à secourir les pauvres. Ils veulent être la tête, premier, oubliant que dans leur communauté, il y a des gens qui sont au bas de l'échelle à qui il faut porter secours. Même si aujourd'hui, il est très difficile de vendre ses propriétés pour partager l'argent avec les pauvres, n'empêche qu'on puisse songer aux frères et sœurs réellement dans le besoin et qu'on les soutienne matériellement et financièrement.

N'est-ce pas que la Bible nous recommande de partager avec ceux qui sont dans le besoin ?

« *Il leur répondit : Que celui qui a deux tuniques partage avec celui qui n'en a point, et que celui qui a de quoi manger agisse de même.* »(Luc 3,11).

Il y a, aujourd'hui, des gens qui ont une vingtaine et même une centaine de tuniques, changeant chaque dimanche de nouvelles chemises ou régulièrement portent de belles chemises, changeant de robes et autres, mais qui refusent d'en donner à des frères et sœurs, parfois très engagés à l'église, mais qui sont démunis, parce qu'ils craignent d'être ensorcelés. Une conception erronée du combat spirituel!

Il est vrai que le diable existe, qu'il a des démons à son service qui tourmentent la vie des gens, mais aucun chrétien digne de ce nom ne peut oublier que Christ a vaincu Satan à la croix, et l'a livré publiquement en spectacle, que celui qui est en nous, est plus fort que celui qui est dans le monde.

Commencer à voir les sorciers partout tue le social de l'église et dans l'église. Devons-nous priver nos membres de famille de notre générosité parce que nous craignons ou soupçonnons la sorcellerie ? Avons-nous oublié que la Bible nous recommande de faire du bien à ceux qui nous persécutent :

« Mais moi, je vous dis : Aimez vos ennemis, bénissez ceux qui vous maudissent, faites du bien à ceux qui vous haïssent, et priez pour ceux qui vous maltraitent et qui vous persécutent. »(Matthieu 5,44).

Si les sorciers nous haïssent, nous sommes censés les bénir, leur faire du bien :

« Bénissez ceux qui vous persécutent, bénissez et ne maudissez pas » (Romains 12,14).

En réalité, les chrétiens devraient aller même dans les boutiques acheter des vêtements, entrer dans les supermarchés se procurer de la nourriture pour ceux qu'ils considèrent «sorciers», ce qui serait une forme de défi et une anticipation de victoire dans le combat spirituel qu'ils leur lanceraient, car selon les écritures:

« Si ton ennemi a faim, donne-lui du pain à manger ; s'il a soif, donne-lui de l'eau à boire. Car ce sont des charbons ardents que tu amasses sur sa tête, et l'Eternel te récompensera. » (Proverbes 25,21-22).

L'amour est l'arme la plus puissante dans le combat spirituel.

Les païens savent que la main qui donne, c'est celle qui est bénie, alors que les chrétiens se disent: « Si je donne, je serai ensorcelé, les sorciers vont sécher ma main. » Cela semble contredire les propos du Seigneur :

« Donnez, et il vous sera donné : on versera dans votre sein une bonne mesure serrée, secouée et qui déborde ; car on vous mesurera avec la mesure dont vous vous serez servis. » (Luc 6,38)

Sincèrement, il faut procéder à une mise à jour des enseignements dans l'église actuelle.

2.3.   Le pain amer du partage

Dans l'église primitive, les gens se mettaient ensemble et ils partageaient le pain. Ils rompaient le pain dans les maisons. C'est-à-dire que les chrétiens se retrouvaient entre frères et mangeaient ensemble. Ce qui est chose rare aujourd'hui. Lorsqu'on organise une fête à l'église, il est rare que les frères haut-placés dans la société viennent y participer. Parfois le pasteur lui-même ne mange pas. Il assiste, mais ne mange pas par crainte d'être empoisonné, parce qu'effectivement l'empoisonnement a envahi même l'église; ou simplement, parce que les pasteurs, les partenaires, les frères riches de l'église s'estiment trop élevés pour se rabaisser en mangeant avec les pauvres de l'église. Ils ne se nourrissent pas de ce qui est offert au commun de mortels.

Lorsqu'on est invité dans un mariage, alors qu'on est censé se retrouver dans sa famille chrétienne, on voit des frères, dans l'église actuelle qui se déplacent avec leurs verres lorsqu'ils doivent répondre au téléphone. Est-ce parce qu'ils veulent être prudents comme le serpent ?

Les pasteurs, les frères et les sœurs qui sont empoisonnés dans l'église ne le sont pas par les gens dans les boîtes de nuit, mais des prétendus frères et sœurs qui parlent en langue, qui récitent des versets bibliques, chassent les démons.

2.4.   L'église n'a pas la faveur du peuple.

Dans l'église primitive, les membres louaient Dieu et avaient la faveur du peuple. L'église actuelle loue Dieu avec des instruments modernes, mais elle manque la faveur de tous les peuples. L'église primitive était respectable. Le comportement des chrétiens forçait l'admiration de leur entourage. Mais l'église actuelle n'a pas autant de considération. Sa parole ne compte pas beaucoup dans la société. Ce sont ses propres membres qui lui ont fermé la bouche de l'intérieur : les gens s'empoisonnent à l'église, et ils s'en vont raconter cela au monde. Les disputes des postes sont reportées dans le monde.

Les inimitiés dans l'église sont connues au moindre détail par ceux qui sont à l'extérieur et qui ne trouvent rien de spécial à envier dans le comportement de ceux qui fréquentent l'église. Elle n'offre rien de modèle pour le monde qui a pourtant les yeux tournés vers l'église :

« *Aussi la création attend-elle avec un ardent désir la révélation des Fils de Dieu.* » (Romains 8,19).

Au lieu que l'humanité constate la manifestation des Fils de Dieu, elle reçoit les plaintes, les bruits de guerre, d'empoisonnement, de combat, de trahison qui viennent de l'église. Lorsqu'on va pour évangéliser aujourd'hui, les gens brandissent tous les méfaits qui ont court dans l'église pour justifier leur refus de croire ou de se joindre aux chrétiens car leur monde parait aussi pourri si pas plus que le monde païen. Des contentieux au tribunal entre pasteurs ou frères d'une même église témoignant des inimitiés qui ont élu domicile à l'église, là où la loi de l'amour devrait régner, car Dieu notre Père est amour et, Christ notre Seigneur nous a recommandé de nous aimer les uns les autres.

2.5.   L'autorité dans l'église

Direction

Dans l'église primitive, on voit que le collège des apôtres dirigeait. Et en cas d'une situation, ou d'un problème concernant la marche ou l'avenir de l'église, ils se réunissaient et se confiaient au Saint-Esprit pour leur donner une orientation. Par exemple, pour remplacer Judas, Pierre ne s'est pas imposé, mais ensemble, ils ont prié et choisi Matthias (Actes 1).

Dans l'église actuelle, surtout dans les églises indépendantes, c'est le pasteur qui décide souvent seul, ou le visionnaire qui a le dernier mot. C'est lui qui donne la ligne d'orientation, montre la voie à suivre qui ne peut jamais être remise en cause. Rarement, l'équipe dirigeante se met en prière pour recevoir du Seigneur les directives, les orientations. C'est le visionnaire qui établit un plan que tous doivent suivre.

Choix des dirigeants

Dans l'église primitive, le choix d'un dirigeant devait suivre certains critères, comme le montre le choix des anciens et des diacres selon 1 Timothée 3. Toute personne qui devait être choisi comme dirigeant devait être une personne qui a fait ses preuves à l'église, il ne devait surtout pas être un nouveau converti. Mais dans tous les critères, l'hérédité ou l'appartenance tribale ne figurait pas.

Dans l'église actuelle, un nouveau critère semble apparaître : l'appartenance à la famille du pasteur visionnaire.

Dans les églises dites de réveil, nous assistons à un phénomène qui semble se généraliser: la succession héréditaire. On devient dirigeant d'église de père en fils, de mère en fille. Si le père a implanté l'église, et que celle-ci a grandi et a pignon sur rue, à l'absence ou à la mort du fondateur, c'est son fils ou sa fille qui prend la relève; comme si le Saint-Esprit a décidé que la succession du leader doit être automatiquement confiée à sa postérité biologique. L'église prend des allures royales, monarchiques. Cela donne à réfléchir.

2.6. *Les membres de l'église primitive*

Comment devenait-on membres de l'église

L'église primitive était composée des croyants, ceux qui croyaient à la mort et à la résurrection de Jésus-Christ. C'était une église composée des hommes et des femmes qui avaient la foi.

La place des membres dans la marche de l'église

Ils participaient à la vie de l'église, car ils louaient Dieu, ouvraient leur maison pour des réunions. Les maisons pouvaient servir de lieu de culte, sans forcément être la maison du dirigeant. Ainsi, on voit qu'à l'arrestation de Pierre, la maison de Marie a servi de lieu de prière pour demander à Dieu sa libération (Actes 12,12).

Les membres pouvaient loger les missionnaires (Actes 10).

Ils prenaient une part active dans la vie de l'église que ce soit pour le bon fonctionnement de l'église ou pour l'évangélisation. Ainsi, on le voit pendant la période de persécution survenue à Jérusalem contre l'église et qui a conduit à la dispersion des disciples. Alors que les apôtres étaient restés à Jérusalem, les membres dispersés ont pris en main l'évangélisation des coins où ils se rendaient. Ils n'ont pas fermé leurs bouches. Ils se sont engagés pour l'avancement du royaume en allant annoncer l'Evangile de lieux en lieux.

2.7.   Les membres de l'église contemporaine

Comment devient-on membre de l'église actuelle ?

N'importe qui peut devenir membre

Dans l'église d'aujourd'hui, on trouve de tout : des croyants et des non-croyants. Des hommes qui viennent juste pour se distraire, pour se déstresser. Même les musiciens dits chrétiens sont plus musiciens que chrétiens. Certains ne sont même pas convertis. Il est scandaleux aujourd'hui que dans certaines assemblées, la majorité des membres sont des païens, non qu'ils viennent d'être gagnés à Christ, mais ils y sont depuis quelques années. On les a invités, on va régulièrement leur rendre visite pour qu'ils viennent ; ils donnent des offrandes. Et c'est tout. Personne ne suit leur vie spirituelle en profondeur. On ne sait pas s'ils ont donné leur vie à Christ. Des païens, en sachet ou en carton, jamais déballés remplissent des églises.Qu'ils ne soient pas baptisés depuis des années, ne pose aucun problème. Si Christ revenait demain, nous nous trouverons comme à la proclamation des examens d'état : certaines assemblées «sortiront néant», d'autres n'obtiendront qu'un faible pourcentage. Il y aura aussi des assemblées qui se distingueront, celles qui s'investissent dans l'évangélisation, la formation spirituelle profonde des membres.

On ne se pose pas la question d'où vient la personne, ce qu'elle fait dans la vie ; on se contente de sa présence à l'église pour gonfler l'audience, et surtout de ses offrandes pour les programmes de l'église et les besoins du visionnaire. Tout cela parce que l'église actuelle semble avoir plus besoin de la valeur quantitative que de la valeur qualitative. On veut faire le plein et augmenter les offrandes, mais l'église ne regarde pas au type de personnes qu'elle veut produire.

La place des membres dans la marche de l'église

Puisque l'appartenance à l'église n'est soumise à aucune exigence, à aucune contrainte, alors que dans l'église primitive le Seigneur ajoutait à l'église ceux qui étaient sauvés, les membres se sentent nullement obligés de participer à la marche de l'église. On en trouve qui sont dans l'église depuis des années et qui ne font partie d'aucune commission, d'aucun département. Ils se disent « chrétiens simples ». Ils peuvent venir deux heures après le début du culte, l'heure de la prière n'est plus observée. Dans l'église primitive, les gens montaient au temple à l'heure de la prière :

« *Pierre et Jean montaient ensemble au temple, à l'heure de la prière : c'était la neuvième heure.*»(Actes 3,1).

Même sans diriger la prière, Pierre et Jean étaient respectueux de l'heure de la prière. Mais dans l'église actuelle, particulièrement dans notre pays, les gens montent au temple, non pas à l'heure de la prière mais quelques heures plus tard: deux, voire trois heures. Lorsque l'heure du début du culte est fixée à 8 heures, les gens s'amènent à 10 heures. Lorsqu'on fixe l'heure du culte à 17 heures, ils s'amènent à 19 heures. Et si le culte était censé durer 2 ou 3 heures, ceux qui sont venus une heure en retard sont les premiers à exiger le respect de l'heure de la fin du culte. Tout dépassement d'une trentaine de minutes est sujet de murmures. Ceux qui ne respectent pas l'heure de début exigent le respect de l'heure de la fin des cultes. Ils sont trop occupés pour « perdre » le temps à l'église. Ainsi, ils ne veulent prendre aucun engagement, refusent de participer à la marche de l'église au quotidien. Leur participation à l'église est d'ailleurs « une faveur » qu'ils font à l'église. Arrivés en retard à l'heure du culte, ils n'ont pas été préparés spirituellement par la prière, l'adoration pour recevoir la parole, telle une terre non labourée qui reçoit la semence. Le résultat ne sera donc pas fameux. C'est la raison pour laquelle la parole trouve des cœurs stériles, secs, non labourés par la repentance, la confession, et qui ne savent produire des fruits dignes de la repentance.

L'engagement des membres pour l'avancement du royaume

Les gens sont tellement occupés par leur vie sociale, par leur aisance matérielle qu'ils ne se préoccupent pas de leur état d'âme, et ne recherchent pas leur prospérité spirituelle.

La croissance spirituelle laisse à désirer si bien qu'il est difficile pour plusieurs de partager la Parole de Dieu dans leur entourage. Non seulement, les gens prétextent qu'ils n'ont pas de temps pour évangéliser, mais ils se justifient en disant que l'église a une équipe d'évangélisation commise pour le témoignage, le porte-à-porte. Alors que le Seigneur a envoyé les disciples à être ses témoins dans le monde :

« *Mais vous recevrez une puissance, le Saint-Esprit survenant sur vous, et vous serez mes témoins à Jérusalem, dans toute la Judée, dans la Samarie, et jusqu'aux extrémités de la terre.* » (Actes 1, 8).

Cette parole ne s'adressait pas seulement aux apôtres, mais à tous les chrétiens, tous ceux qui croient et qui deviennent disciples. Au moment où la persécution a commencé, les apôtres sont restés à Jérusalem mais les autres membres de l'église de Jérusalem qui ont été dispersés sont allés évangéliser : « *Il y eut, ce jour-là, une grande persécution contre l'église de Jérusalem ; et tous, excepté les apôtres, se dispersèrent dans les contrées de la Judée et de la Samarie...Ceux qui avaient été dispersés allaient de lieu en lieu, annonçant la bonne nouvelle de la parole.* » (Actes 8,1 et 4).

CHAPITRE 3
Les finalités de l'église

1. DANS L'ÉGLISE PRIMITIVE

Nous avons relevé dans les lignes précédentes la part active des membres dans l'évangélisation.

C'est l'une de finalité de l'église primitive : travailler pour répandre la bonne nouvelle de Jésus-Christ mort et ressuscité, d'abord autour de soi, puis dans les contrées voisines et enfin dans le monde entier. Car l'ordre suprême venait du Seigneur et montrait que l'église a comme finalité : Aller partout dans le monde pour que les gens deviennent des disciples de Jésus-Christ.

« *Allez, faites de toutes les nations des disciples, les baptisant au nom du Père, du Fils et du Saint-Esprit, et enseignez-leur à observer tout ce que je vous ai prescrit. Et voici, je suis avec vous tous les jours* » (Matthieu 28,19-20).

Tout porte à croire que les chrétiens avaient saisi cet ordre suprême et l'ont pris à cœur. Ils se sont, à cet effet, investis pour se lancer dans l'évangélisation afin que Dieu soit glorifié. Ils annonçaient l'amour de Dieu à l'égard de l'humanité.

L'église a comme mission de faire les disciples de Christ. Or selon Christ, le disciple est celui qui porte des fruits et qui aime les autres :

« *Si vous portez beaucoup de fruit, c'est ainsi que mon Père sera glorifié, et que vous serez mes disciples.*» (Jean 15,8).

« *A ceci tous connaîtront que vous êtes mes disciples, si vous avez de l'amour les uns pour les autres.*» (Jean 13,35)

Et les fruits selon la parole restent les âmes. Puisque la moisson est abondante, mais qu'il y a peu d'ouvriers, Jésus nous recommande de prier pour que Dieu envoie des ouvriers dans la moisson (Matthieu 9,36-38). Ensuite il va lui-même envoyer ses disciples comme des ouvriers évangéliser :

« Après cela, le Seigneur désigna encore soixante-dix autres disciples, et il les envoya deux à deux devant lui dans toutes les villes et dans tous les lieux où lui-même devait aller. Il leur dit : la moisson est grande, mais il y a peu d'ouvriers. Priez donc le maître de la moisson d'envoyer des ouvriers dans sa moisson. Partez ; voici, je vous envoie comme des agneaux au milieu des loups...dans quelque ville que vous entriez, et où l'on vous recevra, mangez ce qui vous sera présenté, guérissez les malades qui s'y trouveront, et dites-leur : le royaume de Dieu s'est approché de vous.»(Luc 10,1-3,8-9).

L'église primitive voulait amener les gens à aimer Dieu mais aussi à aimer le prochain, car comme le souligne la Bible, on ne peut pas affirmer qu'on aime Dieu si l'on n'aime pas ses enfants.

« *Si quelqu'un dit : J'aime Dieu, et qu'il haïsse son frère, c'est un menteur ; car celui qui n'aime pas son frère qu'il voit, comment peut-il aimer Dieu qu'il ne voit pas ?* » (1 Jean 4,20)

Elle s'est investie dans l'évangélisation et dans l'amélioration des conditions matérielles des membres, avec la mise en commun des biens, le partage avec les plus démunis.

Elle a prêché l'amour de Dieu et l'a démontré. Elle a prêché l'amour du prochain et l'a manifesté par des actions concrètes. La Parole accompagnait les actes qui lui donnaient un poids.

Nous pourrons dire que l'église primitive avait comme finalités :

- Faire des disciples

- Améliorer un tant soit peu les conditions de vie de ses disciples.

Elle se préoccupait du bien-être tant spirituel que matériel des membres.

2. DANS L'ÉGLISE ACTUELLE

Nous avons du mal à affirmer qu'elle puisse avoir les mêmes finalités que l'église primitive.

- Le bien-être spirituel

- Le bien-être matériel

Les églises pentecôtistes, les charismatiques, les combattants spirituels semblent avoir négligé cet aspect de leur mission. Ils mettent l'accent sur la prédication de la Parole sans forcément se verser à fond dans l'évangélisation. On prie pour sortir de la pauvreté, on prêche des messages sur le succès individuel, mais le partage, le soutien aux pauvres de l'église est très peu prêché. On y met trop peu d'accents.

Les églises qualifiées de païennes par les églises indépendantes ont bâti des écoles, des hôpitaux où leurs membres s'y rendent ainsi que les membres des églises qui critiquent. Elles ont formé plusieurs qui sont devenus des pasteurs. Elles ont ramassé des enfants pour les mettre dans les orphelinats. Où sont les écoles, les orphelinats, les hôpitaux que bâtissent les églises indépendantes ? Elles qui pourtant contribuent à la multiplication des enfants de rue qu'elles ont qualifiés des sorciers, certaines encourageant même les parents à les chasser du toit familial ! Elles ne ramassent pas les enfants abandonnés, n'encouragent pas leurs membres à le faire.

Peu de collectes sont faites pour les pauvres. Les pasteurs ne donnent pas l'aumône. Très peu d'églises recensent les pauvres, les plus démunis des membres et se lèvent pour leur apporter une solution.

« Cet homme, voyant Pierre et Jean qui allaient y entrer, leur demanda l'aumône. Pierre, de même que Jean, fixa les yeux sur lui, et dit : Regarde-nous. Et il les regardait attentivement, s'attendant à recevoir d'eux quelque chose. » (Actes 3,3-5)

L'église primitive est une église qui disait à ceux qui avaient des problèmes : regardez-nous. Elle ne renvoyait pas au monde les membres qui avaient des difficultés pour se débrouiller, abandonnés à eux-mêmes. Le paralytique n'était même pas membre de l'église, mais l'Esprit qui habitait dans les disciples était l'esprit de charité, d'amour. Si les mendiants s'amenaient au temple, c'était parce qu'ils étaient convaincus que ceux qui entraient au temple savaient que donner aux pauvres est un acte louable.

L'église primitive s'identifiait à un lieu d'aide et de soutien pour ses membres.

Dans l'église actuelle, les chrétiens ne sont pas prêts pour apporter une solution à leurs frères et sœurs dans la foi. Tout est focalisé vers le pasteur. Lorsqu'il y a un problème, au lieu que les frères ou les collaborateurs du pasteur y apportent la solution, ils orienteront les membres vers le pasteur, que ce soit pour un problème spirituel, social ou financier. Si le pasteur s'absente durant un temps, l'audience ou la participation aux cultes baisse, et lorsqu'il revient, l'effectif augmente. Ses collaborateurs ne sont pas à mesure de dire aux gens :

''Regardez-nous''. Et pourtant le Seigneur avait été formel :

« *Voici les miracles qui accompagneront ceux qui auront cru...* » (Marc 16,17)

Lorsque le paralytique regarde Pierre, celui-ci met les choses au point, révélant ce qu'il n'a pas et ce qu'il a. Il dit : « *Je n'ai ni or ni argent, mais ce que j'ai, je te le donne* ». Après avoir identifié ses manques et ses possessions, Pierre prend ce qu'il a et donne au paralytique.

Pierre ne donne pas le nom de Jésus tout en cachant son argent, ou pour cacher son or. Et pourtant, telle est l'attitude, le comportement de plusieurs chrétiens. Alors qu'ils ont de quoi nourrir, vêtir les plus démunis en plus de la prière, ils se contentent de promettre la prière aux démunis en les encourageant à se tourner vers Dieu qui pourvoira.

C'est à croire que la majorité des chrétiens n'a pas l'or et l'argent, et n'a que le nom de Jésus. Leur or a disparu. En face d'un frère qui n'a rien mis sous la dent depuis le matin, on se contente de prier pour lui et le laisser s'en aller pour que l'on reste se goinfrer après. Les chrétiens qui collectionnent la nourriture et qui la gardent pour tout consommer après la rupture de jeûne pendant qu'ils viennent de laisser partir un frère dans la foi affamé. Pour soutenir les plus démunis, curieusement, la majorité des chrétiens deviennent soudain démunis, eux aussi.

On comprendrait que l'on donne le nom de Jésus lorsqu'on n'a rien avec soi. Mais lorsqu'il y a un morceau de pain, un vêtement à partager, pourquoi se contenter de prier et exhorter au lieu de partager !

Il est temps que les richesses de l'église soient mises au service des pauvres au lieu qu'elles ne servent qu'à subvenir aux besoins des dirigeants, à bâtir de beaux édifices ; que les chrétiens cessent de se procurer des habits coûteux pour paraître sans avoir un budget pour les pauvres, les œuvres sociales.

Ce n'est pas un péché de présenter son or et son argent pour soutenir les autres de manière désintéressée. Les actions sociales n'exigent pas que les chrétiens puissent devenir des millionnaires avec qu'elles soient posées. C'est l'esprit de charité, de partage qui fait défaut. L'argent que les chrétiens dépensent pour des fêtes d'anniversaire, des collations des enfants à la maternelle peuvent assurer les études des orphelins, habiller des nécessiteux.

Il suffit de se priver d'un repas au restaurant, une fois par mois, réduire sa consommation de crédit de communication pour offrir un pagne à une veuve, des objets scolaires aux orphelins.

La meilleure manière de montrer aux veuves et orphelins que l'Eternel est le défenseur des veuves et le Père des orphelins, c'est de leur offrir notre or, leur apporter notre soutien, plutôt que de se contenter de formuler des souhaits et multiplier des prières pour que Dieu leur vienne en aide. Certes, il n'est pas question de prendre la place de Dieu, mais d'apporter du secours aux plus pauvres, en permettant à Dieu de nous utiliser comme ses canaux de bénédictions pour les plus démunis.

Si nous ne prenons pas soins des orphelins, ils grandiront avec une certaine conception selon laquelle, Dieu est un méchant qui ravit les maris, les parents, pour laisser les veuves et les orphelins dans la souffrance. En supportant les études des orphelins, ils réaliseront combien Dieu est véritablement le père des orphelins.

Il n'existe pas une incompatibilité entre le nom de Jésus et l'or et l'argent nécessaire pour soutenir les nécessiteux. Jésus lui-même a nourri les gens après leur avoir prêché la bonne nouvelle.

L'église actuelle prononce le nom de Jésus, mais en a perdu la substance, la force, le contenu. Le fondement du nom de Jésus est absent. Ce n'est pas la prononciation du nom de Jésus qui nous confère de l'autorité spirituelle, mais c'est notre nature dans ce que nous prononçons qui nous donne la position.

Beaucoup ont le nom de Jésus dans leur bouche, mais dans leur cœur, ce sont les noms des hommes riches, des médicaments qu'ils ont pour la solution à leurs problèmes. Ils prient tout en ayant déjà le schéma de sortie de leur situation.

Il est temps d'identifier ce que l'on a et ce que l'on manque. Car, beaucoup de chrétiens manquent le nom de Jésus et ont perdu leur or. Il y en a qui ont maintenant l'or mais n'ont plus le nom de Jésus, ce qui rend leur cœur stérile.

Des pasteurs qui prenaient du temps pour chercher la face de Dieu dans la prière et les jeûnes, mais qui une fois élevés en dignité, n'ont plus le temps de se retirer pour chercher Dieu. Eux qui dormaient à l'église, maintenant qu'ils sont entre deux avions, la retraite, le sacrifice sont dépassés et inutiles.

Certains chrétiens élevés dans la société n'ont plus de temps pour les cultes de la semaine.

Les affaires, la politique, le travail leur prennent tout leur temps, en plus des rencontres entre amis, des réunions et autres.

Pour que l'église s'adonne à sa mission de faire des disciples, en recherchant leur bien-être spirituel et leur bien-être matériel, elle doit être disponible, par ses membres, cela s'entend. Les membres doivent disposer du temps pour être enseignés, pour être nourris de la Parole, pour être formés, ensuite se lever pour enseigner, nourrir, et former les autres.

On ne demande pas à toute l'église de se mettre à enseigner la Parole de Dieu, puisque l'apôtre Jacques nous met en garde contre la multiplication des enseignants non appelés. Mais, la Parole de Dieu nous autorise tous à témoigner Jésus, à proclamer la Bonne Nouvelle de sa mort et de sa résurrection. Tout membre de l'église devrait devenir un témoin, partout où il se trouve ou se rend. Il devrait déjà commencer à proclamer les hauts faits de l'Eternel dans sa vie, faire connaître aux autres ce que Dieu a accompli dans sa vie.

CHAPITRE 4
Où va l'église ?

Lorsqu'on regarde la marche de l'église actuelle, on est en droit de se poser la question : où va exactement l'église aujourd'hui avec l'avarice, la cupidité, la banalisation du mal, la désacralisation de la foi ?

Où va l'église qui envie le monde au point de lui copier ses musiques, ses méthodes de gestion, ses manies, et même ses objectifs ?

« Sache que, dans les derniers jours, il y aura des temps difficiles. Car les hommes seront égoïstes, amis de l'argent, fanfarons, hautains, blasphémateurs, rebelles à

leurs parents, ingrats, irréligieux, insensibles, déloyaux, calomniateurs, intempérants, cruels, ennemis de gens de bien, traîtres, emportés, enflés d'orgueil, aimant le plaisir plus que Dieu, ayant l'apparence de la piété, mais reniant ce qui en fait la force. Eloigne-toi de ces hommes-là.»(2 Timothée 3 :1-5).

La prophétie de l'apôtre Paul semble se matérialiser de plus en plus, aussi bien dans le milieu païen que chrétien, dans l'église.

Tout ce que l'apôtre a annoncé, prend de plus en plus des racines dans l'église actuelle.

Le monde traverse un temps difficile, l'église aussi. Les gens souffrent, la vie devient dure au point que plusieurs ne savent même pas comment s'en sortir. Mais, on peut ici épingler quelques points qui sévissent dans l'église actuelle.

1. Egoïsme

Tout tourne autour de soi, chacun travaille pour ses intérêts. Lorsqu'on organise des séances de prière pour le combat spirituel ou pour la bénédiction, les membres affluent. Par contre, lorsqu'il est question de prier pour l'église, d'intercéder pour les autres, les assemblées se remplissent bien rarement. Et durant les temps de prière, les sujets qui intéressent les membres sont ceux qui portent sur la bénédiction matérielle ou personnelle (succès, réussite, maternité, emploi, fonds de commerce, affaires, voyage, mariage) et contre la malédiction, les envoûtements, les attaques de l'ennemi, les œuvres de ténèbres s'en prenant aux bénédictions matérielles. Fort malheureusement, une chaîne de prière portant sur les missionnaires, les frères et sœurs malades ou démunis, ne connait pas autant d'ampleur.

Nous avons souligné ci-haut que les gens n'ont pas de temps pour évangéliser, témoigner Christ étant donné qu'ils sont préoccupés par la recherche du bien-être, cherchant par tous les moyens à survivre. Très peu de gens, aujourd'hui, sont préoccupés par le salut des inconvertis, ils n'ont pas le temps ni l'argent à investir dans les intérêts du Christ.

Les gens contribuent à certains programmes de l'église parce qu'ils s'attendent à être bénis. Lorsqu'on annonce qu'on priera pour ceux qui ont contribué ou vont contribuer, la liste des contribuables s'allonge. Ceux qui donnent espèrent une opération « retour » du côté du ciel.

2. L'avarice

Les chrétiens sont devenus tellement amis de l'argent que leurs dîmes ou offrandes se réduisent au fil du temps. On recherche des versets bibliques pour justifier le fait de ne plus payer les dîmes ou ne plus apporter ses offrandes. On se donne des foules de faux docteurs capables de développer des raisonnements justifiant l'avarice habillé de théologie. Et parfois ceux qui donnent, s'assurent qu'ils versent dans le panier à offrandes le plus vieux billet, ou le billet à valeur faciale la plus petite. Parfois, pour justifier leur avarice, ils affirment avoir des soupçons sur la mauvaise gestion ou affectation des ressources de l'assemblée. On s'appuie sur la doctrine diabolique de la générosité conduisant à la sécheresse à cause de la présence des sorciers à l'église.

Ils n'ont pas totalement tort pour ce qui concerne la gestion des fonds dans certaines assemblées, où le pasteur s'empare ou utilise pour ses fins, plus de la moitié, voire même 80% des entrées dans la caisse de l'église, sans songer à ses collaborateurs, aux veuves et orphelins, aux plus démunis. Certains hommes de Dieu ont tellement soif d'argent, qu'ils « vendent » des prières, lèvent des fonds à temps et à contre temps : il y a des prières à longue durée et avec plus d'éclats pour les plus offrants et des prières étoiles filantes pour les montants réduits.

Il existe des prédicateurs qui choisissent des assemblées pour prêcher à cause des offrandes du prophète. Ainsi, ils rechignent ou refusent poliment de répondre aux invitations des églises pauvres et reculées.

Cela n'est pas une manière de faire propre aux pasteurs seulement, même les engagés de l'église se retrouvent prisonniers de l'avarice, de l'amour de l'argent. Lorsqu'il s'agit par exemple, de se rendre dans la maison d'une personne fortunée, bien installée, on ne peut plus stable, les volontaires ne se font pas prier d'y aller. Au contraire, ils s'amènent tous on dirait une légion. Justement, parce qu'ils s'attendent, après la prière, de recevoir le frais de transport, une enveloppe d'action de grâce pour le déplacement de l'équipe. Dans le cas inverse, s'il s'agit d'aller soutenir dans la prière un membre démuni, les gens se feront prier. Beaucoup avanceront une liste de plaintes et justifications pour s'absenter.

« Le pauvre est odieux même à son ami, mais Les amis du riche sont nombreux. » (Proverbes14 :20).

A cause de l'argent, même le service à l'église devient monnayable, intéressé. On sert le plus offrant, on se courbe, on se sacrifie pour les plus nantis :

« La richesse procure un grand nombre d'amis, mais le pauvre est séparé de son ami. »(Proverbes 19 :4).

Les gens aiment se nouer des amitiés avec des membres nantis.

3. La vantardise

Se vanter devient chose courante à l'église, aussi bien parmi les pasteurs ou bergers de l'église que les membres. Combien de fois n'entendons-nous pas des pasteurs parler du prix des costumes, des montres qu'ils portent, de la valeur de leur Jeep. Certains passent plus de temps dans les prédications à épiloguer sur leurs voyages en Occident à la place d'apporter la Parole du Seigneur. Des hommes de Dieu organisent des campagnes en mettant en exergue le nombre de jours qu'ils ont déjà passé ou qu'ils vont passer à jeûner ; certains balancent même leurs temps de jeûne en direct à la télé. On en trouve qui minimisent les autres en se basant sur leur capacité à drainer des foules, et sur la dimension de leur église, comme si leurs seuls critères restent focalisés sur les nombres des participants au culte.

Les brebis ont emboité les pas des dirigeants. Les actes de générosité sont filmés et balancés sur les médias et les réseaux sociaux. Quand un frère fortuné aide quelques frères et sœurs de l'église, il arrive qu'il l'annonce à tous ceux qui viennent par la suite avec des sollicitations, en leur citant les noms des bénéficiaires de sa générosité et les montants perçus ou les biens reçus, afin de montrer qu'il a trop donné et qu'il n'est plus à même de soutenir les autres.

Combien de fois n'a-t-on pas vu des gens qui vont offrir à Dieu, exhiber les billets de banque qu'ils mettront dans le panier.

Les gens veulent donner en public, appréciant beaucoup les appels de fonds lancés en plein culte au vu et au su de tous. Ce sont des occasions friandes pour certains « m'as-tu-vu » de l'église pour s'exhiber en public. Les cultes sont devenus des occasions pour montrer ses nouveaux vêtements, sa coiffure, ses nouvelles acquisitions. Par ricochet à cette manière de faire, les plus faibles éprouvent de la honte à venir à l'église avec de vieux habits et ainsi, ils préfèrent rester chez eux. Ce qui crée, de ce fait, des classes au sein des membres dans l'église actuelle.

Le diable, ainsi, se frotte les mains. Il se félicite de détourner les chrétiens de l'essentiel. L'humilité devient une faiblesse au lieu d'être une force, une vertu.

Il faut noter ici également l'orgueil qui accompagne la vantardise. On a l'impression que les chrétiens sont embarqués dans l'orgueil et l'arrogance. Tout le monde veut se faire grand, se croit extraordinaire. Tout le monde veut être la tête pour paraître, pour se faire valoir partant des dirigeants aux membres de l'assemblée.

Comment interpréter cette manie qui a élu domicile dans l'église dans le chef des hommes de Dieu qui se font bombarder de titres honorifiques pompeux.

Les évêques, les archevêques, les révérendissimes sont légion dans l'église aujourd'hui. Beaucoup qui étaient pasteurs, sont devenus des apôtres.

L'église a acquis la manie des titres, des éloges : Prophète, Docteur, Evangéliste international, l'homme de ceci, l'homme de cela, l'homme-Dieu, le serviteur à l'onction tridimensionnel, père du Réveil, le spécialiste de la délivrance, le prédicateur incontournable, le prophète planétaire…

Et une course effrénée est engagée pour avoir la méga-église. Les membres entrent dans la danse pour parler de leur pasteur, comme le pasteur le plus « fashion », le pasteur classe, le pasteur le plus riche, le plus jeune, le plus instruit des pasteurs.

A Kinshasa, les pasteurs de grandes églises se battent à présent, du moins un certain nombre, pour habiter dans les quartiers les plus huppés de la ville, afin de montrer leur classe, leur rang des « ministres de Dieu». Il faut rouler carrosse, et pour cela, il faut trouver les moyens. Certains se lancent dans de « faux » miracles, « fausses prophéties » pour soutirer l'argent aux fidèles.

D'autres deviennent des amis des politiciens, soutenant leurs actions au nom de Dieu, leur conférant une sorte d'impunité spirituelle. Ce qui les pousse à cautionner leurs actions ou à ne pas dénoncer leurs méfaits. En contrepartie, ils reçoivent des voitures, des enveloppes, pour ne citer que cela. On se fait corrompre moralement pour se taire, car la bouche qui mange, ne parle pas, dit un proverbe populaire. C'est à croire qu'un grand pasteur se définit par la grandeur de son église ou l'effectif des membres, la qualité de sa voiture ou la dimension de sa maison, et le nombre des voyages missionnaires ou non effectués à l'étranger.

Le témoignage de beaucoup de pasteurs porte plus sur leur possession matérielle ou sur les actions de leur ministère que sur la gloire de Dieu manifestée.

L'église a pris un virage matérialiste assez inquiétant.

4. La cruauté

Si cela se passait dans le monde, on s'efforcerait de comprendre, car la cruauté est une réalité du monde, mais qu'elle élise domicile à l'église qui est censée prêcher et pratiquer l'amour, le bien, et combattre le mal, c'est là où le bât blesse.

Les gens sont d'une cruauté qui fait pâlir. A l'église, on est prêt à faire du mal à souhait. C'est devenu courant d'apprendre qu'un frère a été empoisonné à l'église. Des pasteurs ont été empoisonnés par des collègues pasteurs. Si bien que la méfiance s'est installée. Les repas fraternels deviennent rares. Les frères craignent d'être empoisonnés. Dans le mariage des chrétiens, on trouve des invités qui se déplacent avec leur verre parce qu'ils craignent le poison. Les pasteurs disposent des protocoles privés et particuliers chargés de leur servir de l'eau ramenée de la maison. Il y en a même qui ne sont servis que par leurs épouses ou des proches de la famille. Des pasteurs ont été empoisonnés par des cadeaux : un parfum, des vêtements.

Eliminer les autres, donner la mort pour si peu est devenu monnaie courante dans l'église d'aujourd'hui.

La cruauté prend plusieurs formes. Des croyants complotent contre des frères dans la foi avec légèreté, comme si la Parole de Dieu ne leur a jamais été prêchée. De fausses accusations pour qu'une personne quitte un poste, soit déchargée d'une responsabilité à l'église sont devenues fréquentes, des coups bas au sein de l'église, des choses vraiment invraisemblables.

Récemment, j'ai appris l'histoire d'un parrain qui a ravi la femme de son filleul, jusqu'à lui faire un enfant. Le couple s'est disloqué, alors que les parrains et les filleuls sont chrétiens.

La convoitise de la chair, la convoitise des yeux, l'orgueil de la vie, conduisent à la cruauté, puisqu'ils ne viennent pas de Dieu. Et dans le milieu des enfants de Dieu, toutes ces choses ne doivent pas figurer, la Parole de Dieu les interdit :

« *N'aimez point le monde, ni les choses qui sont dans le monde. Si quelqu'un aime le monde, l'amour du Père n'est point en lui ; car tout ce qui est dans le monde, la convoitise de la chair, la convoitise des yeux, et l'orgueil de la vie, ne vient point du Père, mais vient du monde.* » (1 Jean 2 :15-16).

On tue, on empoisonne, on accuse parce que l'on est envieux de la place, des biens, des privilèges de l'autre ; parce qu'on est jaloux. On veut prendre sa place, on aimerait avoir ce qu'il possède, on aimerait le voir manquer ce qu'on lui admire.

Le diable insuffle la convoitise dans l'homme, le torture de jalousie, sème la haine et le pousse à passer à l'acte.

La convoitise, la haine, la méchanceté, n'ont pas de place dans l'église de Jésus-Christ. Il est donc scandaleux de voir tant de cruauté sévir dans le corps du Christ. C'est l'œuvre de l'ennemi qui doit être dénoncé.

5. Un semblant de piété

« *Sache que, dans les derniers jours, il y aura des temps difficiles. Car les hommes seront... enflés d'orgueil, aimant le plaisir plus que Dieu, ayant l'apparence de la piété, mais reniant ce qui en fait la force. Eloigne-toi de ces hommes-là.* »(2 Timothée 3 :1,4-5)

Les gens auront l'apparence de la piété. Ils donneront l'impression d'aimer et de respecter Dieu, de se consacrer à son service, mais ce ne sera qu'une apparence, car au fond d'eux, ils seront éloignés de Dieu. C'est ce qui semble se produire en ce temps-ci, où les gens remplissent des églises, prient matin midi soir, se soumettent à de longues périodes de jeûne, mais le fond de leur vie prouve le contraire.

Le phénomène « Mankiona » qui défraye la chronique dans le pays illustre bien cette réalité.

Le feu étranger est entré dans l'église : à l'autel du Seigneur, on a apporté ce qui ne lui appartient pas. Des pasteurs (heureusement qu'ils ne sont pas majoritaires) prêchent l'Evangile tout en recourant à des pratiques sataniques, fétichistes, en adhérant à des loges, tout en s'initiant aux sciences occultes.

Des pratiques suspectes lors de séance de délivrance qui n'ont rien à voir avec le monde quotidien ; des enseignements ésotériques qui sont enseignés, dépouillés de certains côtés mystiques.

Ce n'est pas toujours le salut des âmes, la base des campagnes évangéliques. Très souvent, c'est le désir d'avoir une grande église avec une croissance numérique enviable qui pousse certains pasteurs à pactiser avec l'ennemi. Mieux encore, la recherche effrénée d'enrichissement personnel, les incitant ainsi à se lancer dans des scènes de « fabrication de miracles » pour aguicher les fidèles. Ces hommes de Dieu pratiquent des séances de prophétie qui ne sont que les fruits de recherche sur le passé et la vie présente de quelques personnes soigneusement ciblées au préalable, ayant à leur trousse, des enquêteurs sans qu'ils ne le sachent.

Ce que l'on vise, c'est remplir l'église. Non pour la gloire de Dieu, mais pour le ventre de l'homme. Ce n'est pas la puissance de Dieu qui est à l'œuvre, mais la ruse de l'homme, des manœuvres frauduleuses. Le feu de Dieu s'est éteint, et c'est le feu étranger qui est allumé sur l'autel. Ce qui entraine le peuple de Dieu à la magie, aux fétiches, à l'occultisme.

Nous devons demander à Dieu de faire descendre le feu dans l'église, que son doigt touche de nouveau l'église afin que la vie revienne et que sa gloire descende à nouveau. Quand Dieu se manifestera, les gens accourront, comme à la pentecôte.

Lorsque Dieu agit, son intervention ne laisse pas les gens indifférents.

Lorsque Pierre et Jean ont conduit le paralytique à la guérison par la puissance du Nom de Jésus, personne n'est resté indifférent :

« *Alors Pierre lui dit : Je n'ai ni argent, ni or ; mais ce que j'ai, je te le donne : au nom de Jésus-Christ de Nazareth, lève-toi et marche. Et le prenant par la main droite, il le fit lever. Au même instant, ses pieds et ses chevilles devinrent fermes ; d'un saut il fut debout, et il se mit à marcher. Il entra avec eux dans le temple, marchant, sautant, et louant Dieu. Tout le monde le vit marchant et louant Dieu. Ils reconnaissaient que c'était celui qui était assis à la Belle porte du temple pour demander l'aumône, et ils furent remplis d'étonnement et de surprise au sujet de ce qui lui était arrivé. Comme il ne quittait pas Pierre et Jean, tout le peuple étonné accourut vers eux, au portique dit de Salomon.* » (Actes 3 :6-11).

Le peuple a accouru vers Pierre et Jean qui étaient en compagnie du paralytique, parce que la main de Dieu s'était manifestée dans la vie de cet homme connu à cause de son handicap et de sa mendicité aux portes du temple. Le miracle intervenu avait fait office de message publicitaire qui attira l'attention des gens.

On entend des pasteurs se plaindre comme quoi, on vole leurs brebis, on séduit leurs membres pour les amener dans d'autres églises. Ils fustigent donc ce « fameux vol » des fidèles.

Mieux vaut en rire qu'en pleurer, puisque de prime abord, il faut relever que les membres d'une église n'appartient pas aux pasteurs. Les fidèles qui sont des brebis spirituels, ne sont pas des propriétés d'un quelconque berger humain, mais des brebis du Seigneur Jésus-Christ, mort à la croix pour leur salut. Les fidèles sont les brebis qui appartiennent à Dieu, le seul qui sait vers quels pâturages les conduire.

C'est ainsi que les brebis qui évoluent dans un environnement où la nourriture est insuffisante et de qualité douteuse pour leur croissance et leur reproduction, iront manger là où le pâturage est vert. Rester dans leur ancien environnement serait signé leur arrêt de mort.

On ne peut pas installer un chien dans un champ de manioc et s'attendre à ce qu'il soit en bonne santé. Ou se décider de le nourrir rien qu'avec de la farine de blé et attendre à ce qu'il soit vigoureux.

C'est ce qui se passe dans nos églises où l'on donne à la brebis une nourriture inappropriée, tout en voulant la maintenir pour qu'elle se contente de ce qui ne peut lui convenir, de ce qui va déranger son estomac. Ce qui garde les gens c'est la Parole de Dieu avec la démonstration de la puissance et l'autorité de Dieu parmi les hommes.

6. L'orgueil

Beaucoup de serviteurs de Dieu s'attribuent la gloire de Dieu avec les miracles opérés lors des prières ou des campagnes d'évangélisation. Ils sont fiers d'avoir la plus grande église du coin. Ils s'en vantent. Lorsqu'un autre a enregistré une grande foule lors d'une campagne d'évangélisation, on va organiser également une campagne pour prouver qu'on peut mieux faire que lui. Ce n'est pas le salut des âmes qui importe, mais l'honneur d'avoir fait le plein.

Dans l'église primitive, les hommes de Dieu étaient des ouvriers et serviteurs de Dieu capables de déchirer leur vêtement dès qu'on leur attribuait la gloire de Dieu ou qu'on leur accordait trop d'honneur. C'était des hommes simples et humbles :

« A la vue de ce que Paul avait fait, la foule éleva la voix, et dit en langue lycaonienne : les dieux sous forme humaine sont descendus vers nous. Ils appelaient Barnabas Jupiter, et Paul Mercure, parce que c'était lui qui portait la parole. Le prêtre de Jupiter, dont le temple était à l'entrée de la ville, amena des taureaux avec des bandelettes vers les portes, et voulait, de même que la foule, offrir un sacrifice. Les apôtres Barnabas et Paul, ayant appris cela, déchirèrent leurs vêtements, et se précipitèrent au milieu de la foule en s'écriant : O hommes, pourquoi agissez-vous de la sorte ?

Nous aussi, nous sommes des hommes de la même nature que vous ; et, vous apportant une bonne nouvelle, nous vous exhortons à renoncer à ces choses vaines, pour vous tourner vers le Dieu vivant, qui a fait le ciel, la terre, la mer, et tout ce qui s'y trouve. » (Actes 14 :11-15).

L'église se refusait de prendre la place de Dieu. A Dieu devait revenir toute la gloire :

« *Pierre, voyant cela, dit au peuple : Hommes Israélites, pourquoi vous étonnez-vous de cela ? Pourquoi avez-vous les regards fixés sur nous, comme si c'était par notre propre puissance ou par notre piété que nous eussions fait marcher cet homme ? Le Dieu d'Abraham, d'Isaac et de Jacob, le Dieu de nos pères, a glorifié son serviteur Jésus, que vous avez livré et renié devant Pilate, qui était d'avis qu'on le relâchât.* » (Actes 3 :12-13).

Paul et Barnabas ont déchiré leurs vêtements ; Pierre et Jean ont failli le faire. Tous ont clairement renoncé à recevoir la gloire et l'honneur devant revenir à l'Eternel le maître d'ouvrage, celui qui occasionnait et accomplissait tous les miracles.

L'église primitive était l'église où les dirigeants se rabaissaient et défendaient que les hommes viennent s'agenouiller devant eux. Ils refusaient toute adoration humaine. Ils montraient clairement qu'ils étaient humains comme le commun des mortels.

Mais dans l'église actuelle, les hommes de Dieu sont plus ministres de l'Evangile que serviteurs de Dieu.

Ils annoncent la bonne Nouvelle, dirigent un ministère de propagation de l'Evangile, ou de l'implantation des églises. Comme des ministres de gouvernements humains, ils recherchent des honneurs, recherchent les privilèges du métier, veulent jouir des avantages liés à leur rang. Ainsi, dans l'assemblée, ils ont, pour certains, des chaises exceptionnelles dignes du trône de Salomon, mises en exergue pour que tout le monde les voit. Lorsqu'ils viennent au culte, ils ont des gardes du corps. Ils sont plutôt des stars que des serviteurs.

Beaucoup ont pris la place de Dieu. Ce qui conduit à la ruine. C'est l'orgueil qui en est la base.

Aujourd'hui, lorsqu'on sert Dieu et que les gens viennent vers nous parce qu'ils ont des problèmes, ont besoin d'aide ; certes, nous devons leur dire, « regardez-nous » c'est-à-dire, nous prenons à cœur ce problème mais nous allons le présenter au Seigneur. Une façon de dire vous pouvez compter sur notre soutien. Nous allons frapper jusqu'à ce que le Seigneur ouvre la porte et nous donne le pain pour toi.

Mais une fois que le Seigneur a ouvert et remis les trois pains que nous avons demandé, c'est-à-dire lorsqu'il a opéré un miracle ; lorsque les gens ont trouvé la solution à leurs problèmes, nous devons leur dire : « Regardez à Dieu. Rendez-lui grâce ». C'est Christ qu'il faut élever. Devant le miracle, le serviteur doit s'effacer comme l'ont fait Pierre et Jean, ainsi que Paul et Barnabas. Ce sont eux qui ont prié, qui ont posé l'acte, mais lorsque la personne est guérie, ils se sont effacés pour élever le Seigneur.

Dans l'église actuelle, c'est tout le contraire. Lorsqu'une personne a des problèmes, on lui demande de se tourner vers Dieu dans la prière et le jeûne, en l'envoyant parfois à la montagne. Une fois à la montagne, Dieu répond et quand la personne vient témoigner, l'homme de Dieu lui réclame l'action de grâce, ou l'offrande du prophète.

Lorsqu'un chômeur se fait imposer la main par un homme de Dieu autre que son pasteur et qu'il finisse par trouver du travail, il arrive de plus en plus dans l'église actuelle que le ministre de l'évangile qui a imposé la main, se mette à réclamer la dîme du nouveau travailleur pour qui il a prié. L'homme de Dieu va jusqu'à lui envoyer des messages de temps en temps pour rappeler qu'il est la personne ayant prié pour lui afin qu'il trouve son travail actuel.

Ce n'est pas parce que nous prions pour une personne et qu'elle est guérie ou a vu la main de Dieu, qu'elle doit obligatoirement nous suivre.

Nous pouvons intercéder pour des gens et amener plusieurs au salut, et Dieu dans sa souveraineté les envoyer ailleurs. Nous pouvons donc être utilisé par Dieu pour le salut d'une multitude et les voir évolué dans une autre assemblée. Nous ne devons pas les obliger à venir dans notre église.

Cela ne veut nullement dire que nous devons faire l'évangélisation à moitié : nous contenter de prêcher l'évangile et conduire au salut. Point trait.

Ce serait donner naissance à un enfant et l'abandonner dans la rue, dans l'espoir que Dieu se chargera de lui trouver une maman de substitution pour l'allaiter. Ce n'est pas de cela qu'il s'agit. Lorsqu'un évangéliste, un gagneur d'âmes, un frère ou une sœur a amené une âme à Christ et qu'elle a pris l'engagement de suivre Christ, ce n'est pas fini. Le travail de suite s'impose. Il faut au nouveau converti des enseignements. On doit s'assurer qu'il se nourrit de la parole ; comme une brebis, qu'il reçoive des soins dans une bergerie appartenant au Seigneur Jésus-Christ.

Si la personne est ajoutée à notre assemblée par le Seigneur, nous ne pourrons que nous réjouir et continuer à veiller sur sa croissance jusqu'à ce qu'elle soit à mesure de devenir à son tour un ouvrier dans la moisson du Seigneur.

Sans dormir sur nos lauriers, nous continuerons à proclamer l'évangile même si la personne ne rejoint pas notre assemblée. La mission n'est pas encore terminée pour autant, ceci jusqu'à ce que le Seigneur revienne dans sa gloire.

C'est sans doute l'idéal, mais ce n'est pas ce qui se fait dans l'église actuelle, hélas! Les pasteurs d'aujourd'hui veulent des méga-églises et l'honneur qui va avec. Ils sont prêts à sillonner les médias de tout bord pour vendre leur image, afin d'attirer un maximum des gens vers eux. Ils appliquent les stratégies modernes de marketing pour remplir l'église, non pas pour amener les gens à Christ, mais souvent pour leur notoriété.

De l'égoïsme qui ne dit pas son nom, mais qui fait beaucoup de mal à la cause de Christ, car certains pour se rendre célèbres, n'hésitent pas à « fabriquer » des miracles pour attirer des foules, avoir une grande église, s'ils n'ont pas trempé à la magie et aux sciences occultes.

L'orgueil amène les hommes de Dieu à vouloir tous les projecteurs braqués sur eux au lieu de l'être sur le Seigneur. Ce qui suscite des jalousies lorsque d'autres font mieux, ou des audaces sataniques pour se maintenir devant la scène par tous les moyens. Et pour ceux qui ont pris ce chemin, la ruine est certaine.

QUE FAIRE ?

D'emblée, nous ferons une mise au point pour dire que l'église primitive n'était pas exempte de tout reproche et qu'elle n'avait pas uniquement des qualités sans une seule faiblesse. De même, bien que l'église actuelle ne capitalise pas toutes les faiblesses, nous ne dirons pas qu'elle n'a aucune qualité. Il y a du bon dans l'église primitive et il y a du bon dans l'église actuelle.

Le monde a énormément évolué. La technologie, la croissance de la population, les réalités climatiques auxquelles les sociétés modernes font face apportent des défis à l'église actuelle qui sont complètement différents de ceux de l'église primitive. Ainsi, l'église actuelle doit être attentive à son époque, aux transformations que subit l'environnement, aux nouvelles épreuves qui s'imposent aux hommes d'aujourd'hui pour leur apporter les réponses de Dieu.

Mais cela ne lui donne pas le droit de copier le monde, de se laisser emporter au rythme du monde. Elle a un passé, un parcours, une histoire et, surtout un héritage qui constitue une source d'inspiration, un point de repère : l'église primitive. Elle a un propriétaire ou un concepteur : Christ-Jésus. Elle a un conducteur : le Saint-Esprit. Elle a un code de conduite, un manuel d'usage, un mode d'emploi, un guide et une carte pour s'orienter : La Bible.

Elle doit retourner donc à la Parole et interroger les pratiques, la marche de l'église primitive pour continuer à marcher sur la voie que le Seigneur Jésus-Christ lui a tracée. Et surtout, elle doit pratiquer l'amour. L'amour est sa marque qui la différencie et devrait la différencier de toutes les institutions humaines, car l'amour est le socle sur lequel elle est bâtie :

« Car Dieu a tant aimé le monde qu'il a donné son Fils unique, afin que quiconque croit en lui ne périsse point, mais qu'il ait la vie éternelle. » (Jean 3:16)

CONCLUSION

Aucune prétention de notre part de croire que nous pouvions épuiser un sujet aussi vaste que l'église, une institution millénaire, d'essence surnaturelle, car bâtie par Christ, au travers de son sacrifice à la croix pour lui donner la vie par son sang, et son Esprit-Saint, pour lui donner une dynamique, qui a été confiée à des hommes et qui existe pour eux. Dans cette optique, l'église a une dimension humaine et sociale. Elle est née le jour de la pentecôte et a connu une croissance universelle. Elle attend le retour du Seigneur Jésus-Christ, mais ceux qui en font partie ne se préparent malheureusement pas toujours pour l'enlèvement dans la mesure où les pratiques, les comportements qui sont observés ces derniers temps dans les assemblées locales trahissent l'essence divine de l'église comme corps du Christ. C'est ce qui nous a poussé à nous demander où va l'église actuelle. L'église primitive offre beaucoup d'orientations qui peuvent guider et redynamiser l'église actuelle aussi longtemps qu'elle reste ancrée dans la Parole de Dieu et dans l'obéissance à son Seigneur, Maître et Epoux, Jésus-Christ.

Les imperfections morales, comportementales, doctrinales ne datent pas de l'église actuelle, puisque dans l'église locale de Jérusalem, on pouvait observer la cupidité d'Ananias et Saphira, les plaintes des chrétiens d'origine hellénique sur la distribution de la nourriture, même si elles se sont amplifiées avec le temps.

Néanmoins, la vitalité de cette église primitive a permis à l'évangile de parvenir jusqu'à nous. Ses aspects positifs, ses qualités doivent inspirer l'église actuelle dont le changement sera fonction du degré de repentance de chacun de nous et de notre profonde obéissance à la volonté du Seigneur. Cela conduira chaque chrétien à un véritable renoncement de soi et un réel détachement vis-à-vis des séductions de ce monde pour rester à l'écoute du Saint-Esprit et se préparer par la Parole à la rencontre de l'époux de l'église qui vient bientôt.

Après avoir lu ce livre, nous ne pourrons plus dire que nous ne savions pas ; car l'occasion nous est offerte de procéder à une introspection pour connaître notre degré de responsabilité dans la situation actuelle de l'église. Et aussi, arrêter de nous plaindre, mais enfourcher le cheval de l'action sous la mouvance du Saint-Esprit puisque le Seigneur nous a déjà prévenus :

« Ceux qui me disent : Seigneur, Seigneur ! n'entreront pas tous dans le royaume des cieux, mais celui-là seul qui fait la volonté de mon Père qui est dans les cieux » (Matthieu 7 :21).

« Beaucoup me diront ce jour-là : ''Seigneur, Seigneur, n'avons-nous pas prophétisé en ton nom ? N'avons-nous pas chassé des démons en ton nom ? N'avons-nous pas fait beaucoup de miracles en ton nom ? Alors je leur dirai ouvertement : ''Je ne vous ai jamais connu. Eloignez-vous de moi, vous qui commettez le mal ! »* (Matthieu 7 :22-23; Segond 21).

Il est temps pour que chaque chrétien se sente concerné par la marche actuelle de l'église. Et j'espère que les quelques interrogations posées ici auront suscité des réflexions susceptibles de nous remettre en question et de trouver un écho dans notre vie chrétienne. Et si nous n'avons pas encore donné notre vie à Jésus-Christ, l'opportunité nous est offerte ici en faisant la prière suivante :

Père céleste, je viens à toi tel que je suis. Ta parole déclare que quiconque invoquera le nom du Seigneur sera sauvé.

J'invoque le nom de Jésus-Christ et je demande que Christ prenne la direction de ma vie à partir de maintenant comme mon Seigneur et mon Sauveur.

Je crois que Jésus-Christ est mort pour mes péchés et par sa résurrection, m'a donné Sa vie.

Ainsi, je demande pardon pour tous mes péchés. Lave-moi par le Sang précieux de Jésus et remplis-moi de Ton Saint-Esprit.

Merci de m'avoir donné la vie éternelle et écrit mon nom dans le livre de vie. Merci de m'avoir sauvé et de m'avoir donné le pouvoir de devenir Ton enfant. Merci de diriger ma vie à partir de maintenant par ta Sainte Parole. Au nom de Jésus-Christ! Amen!

97

de diriger ma vie à partir de maintenant par ta Sainte Parole. Au nom de Jésus-Christ! Amen!

Mis en page, Imprimé et Distribué internationalement par les services de

KINGDOM EDITIONS™

Une branche de

E-mail: **contact.kingdomdna@gmail.com**

Facebook: **KINGDOM DNA SARL**